AGATHON DE POTTER.

LA
CONNAISSANCE DE LA VÉRITÉ,

APPENDICE À

LA LOGIQUE.

Je me suis aperçu, par diverses observations, que l'homme est composé d'une
âme et d'une bête.
Xavier De Maistre.

L'âme, c'est la sensibilité démontrée
immatérielle.

EN VENTE CHEZ L'AUTEUR.

BRUXELLES, RUE DES DEUX-ÉGLISES, 34.

1866.

LA

CONNAISSANCE DE LA VÉRITÉ.

Bruxelles, imp. de A. MERTENS et FILS, rue de l'Escalier, 22.

AGATHON DE POTTER.

LA

CONNAISSANCE DE LA VÉRITÉ,

APPENDICE A

LA LOGIQUE.

> Je me suis aperçu, par diverses obser-
> vations, que l'homme est composé d'une
> âme et d'une bête.
>   XAVIER DE MAISTRE.
> L'âme, c'est la sensibilité démontrée
> immatérielle.

EN VENTE CHEZ L'AUTEUR :

BRUXELLES, RUE DES DEUX-ÉGLISES, 34.

1866.

PRÉFACE.

Dans la première partie de la *Logique*, nous avons exposé théoriquement les règles qu'il faut observer pour bien raisonner.

Nous avons reconnu que, pour arriver à une conclusion certaine, il fallait enchaîner les propositions d'une manière spéciale, et avoir un point de départ définitif.

Nous ne pouvons mieux faire, pour compléter notre travail, que de passer à la pratique, en donnant des exemples de bons raisonnements. Nous choisirons pour sujet la recherche du point de départ définitif, ou la démonstration que la sensibilité est immatérielle.

Nous engageons les lecteurs qui désireraient avoir plus de développements sur cette question, à consulter les œuvres de Colins. Ils trouveront tous

1

les détails qu'ils pourraient désirer, dans les ouvrages suivants :

1° *Science sociale*, de la page 347 du tome III jusqu'à la page 260 du tome V.

2° *De la justice dans la science, hors la révolution et hors l'église*, tome III, pages 350 à 359, et 361 à 370.

LA

CONNAISSANCE DE LA VÉRITÉ.

— — —

§ I. Qu'est-ce que la vérité ? (*)

266. Avant de s'occuper de la recherche de
la vérité, une chose est indispensable : il faut
s'entendre sur la valeur à donner à cette expression, savoir ce que c'est que la vérité, en quoi
elle consiste, avoir enfin son signalement. Sinon,
il pourrait fort bien arriver que, si elle existe, on
mît le doigt dessus sans la reconnaître.

Que dirait-on, par exemple, de celui qui,
n'ayant jamais vu d'aiguille, et ne sachant ce

(*) Dans le cours de cet ouvrage, les numéros d'ordre des
alinéas continuent la série commencée dans la *Logique*. Les
chiffres entre parenthèses renvoient tant aux alinéas de la *Logique*, qu'à ceux de la *Connaissance de la vérité*.

que c'est, s'imposerait la tâche d'en découvrir
une cachée dans une botte de foin? On dirait
avec juste raison qu'il est fou. La besogne, en
effet, déjà passablement ardue pour qui aurait
manié des aiguilles toute sa vie, serait évidemment impossible pour celui qui n'en aurait jamais
vu ni touché. Il se figurerait, tantôt en trouver
partout, tantôt n'en apercevoir nulle part. Et
quand la véritable aiguille lui tomberait sous les
yeux, il ne s'en douterait même pas, puisqu'il
n'en possèderait point le signalement.

Il en est absolument de même de celui qui
cherche à découvrir la vérité sans savoir ce qu'il
entend par cette expression. Il n'y a qu'un fou
qui puisse entreprendre, dans ces conditions,
une pareille recherche.

267. Nous avons déjà vu (188, 232) que la
sensibilité démontrée immatérielle est la première
vérité, disons mieux, la vérité par excellence, la
source dont toutes les autres vérités doivent provenir. Nous allons ici arriver au même résultat
par une autre voie.

La vérité est éternelle ou n'est pas. Ce qui est
temporel est divisible. Un être éternel est donc
indivisible ('). Un être indivisible est immatériel. Et comme la sensibilité seule peut être indivisible ou immatérielle, si la vérité existe, ce

---

(') Nous savons bien que la matière, dans son ensemble,
est éternelle également. Mais il n'y a pas ici de confusion à
craindre.

ne peut être que cette sensibilité reconnue indivisible, immatérielle, éternelle.

Le signalement de la vérité est donc d'être : 1° sensibilité; 2° immatérialité ou indivisibilité.

En conséquence, celui qui s'applique à discerner la vérité dans tout ce qui nous entoure, doit d'abord la chercher chez les êtres qui jouissent de la sensibilité ; il doit ensuite tenter la preuve que cette sensibilité est indivisible. S'il réussit, il connaît la vérité.

268. Il ne sera nullement hors de propos de placer ici l'examen de quelques propositions sur la vérité.

— « Toute conformité à la raison, a dit Descartes, cité par Labruyère, est une vérité. »

— C'est vrai ; toutefois ce n'est qu'une vérité de déduction (227, 233). Mais tant que l'on ne sait pas si la raison réelle, impersonnelle, éternelle, existe (250), — ce qui ne peut être que si la sensibilité est immatérielle, — quel moyen de s'assurer si une proposition est conforme à cette raison ?

269. La définition donnée par Bonald est meilleure.

— « La vérité est la connaissance des êtres et de leurs rapports, a-t-il dit. »

— La connaissance des êtres consiste dans la distinction des êtres apparents, temporels, d'avec les êtres réels, éternels. La définition de Bonald

revient donc, implicitement, à affirmer que la vérité c'est la connaissance que la sensibilité est
immatérielle.

270. La définition suivante est moins précise
que celle de Bonald :

— « La vérité, d'après de Maistre, est une équation
entre l'affirmation et son objet. »

— De Maistre a voulu parler évidemment de
l'*expression* de la vérité, sinon sa définition n'a
pas de sens. Même avec la correction que nous
indiquons, elle est encore vague. Cependant elle
peut vouloir signifier que l'expression de la vérité
c'est la démonstration qu'il y a équation entre les
idées de sensibilité et d'immatérialité.

271. Un auteur qui s'est toujours fait remarquer par un certain esprit de contradiction, a
professé, au sujet de la vérité, des opinions dia-
métralement opposées à celles qui avaient eu
cours jusqu'alors. Il faut avouer, du reste, qu'à
son point de vue particulier, Proudhon a eu raison. Voici quelques-unes de ses assertions :

— « Chaque proposition est *vraie*, mais à condition que la
contraire le soit aussi. »
« La *vérité*, c'est-à-dire la réalité, est essentiellement
historique, sujette à progressions, évolutions et métamorpho-
ses. »
« Le faux, le fictif, l'impossible, l'abstrait, est tout ce qui se
présente comme fixe, entier, complet, inaltérable, etc... »

—Il n'y a là qu'une question de mots. On peut
parfaitement dire que *deux et deux font quatre* est

une proposition fausse, parce qu'elle est invariable; que *deux et deux font cinq* est une vérité, parce que deux et deux ne font pas cinq. Il ne s'agit que de s'entendre. Mais alors, nous semble-t-il, il n'aurait pas fallu écrire le passage suivant :

-- « Quelle proposition particulière dans la philosophie de la nature et de l'humanité peut être appelée *vérité*? Aucune : l'opposition, l'antagonisme, l'antinomie éclatent partout. »

— N'est-ce pas là, au contraire, la preuve qu'il y a vérité partout?

272. Résumons ce paragraphe.

Arriver à la connaissance de la vérité signifie : établir la démonstration que la sensibilité est immatérielle, ou indivisible.

C'est ce que nous nous proposons de faire dans ce qui va suivre.

§ II. Qu'est-ce que la matière ?

273. Avant d'aller plus avant, il est indispensable que nous convenions avec le lecteur du sens à donner à quelques expressions dont nous sommes dans le cas de nous servir, et, pour cela, il faut circonscrire parfaitement les idées.

274. Comment parvenons-nous à la connaissance de ce qui nous entoure ?

Exclusivement par la perception. Quelque chose agit sur nous, nous fait subir une impression que nous percevons : c'est là une sensation.

Toute sensation se décompose, nécessairement, en deux parties : 1° le sentiment de l'existence ; 2° la perception d'une modification de ce sentiment. Il serait impossible, en effet, de percevoir une modification sans être sensible, ou sans reconnaître, simultanément, que l'on existe; ou encore, de percevoir une modification sans être modifié.

Ainsi, tout ce dont nous pouvons avoir connaissance doit se classer dans l'une ou l'autre de ces deux idées primitives : le sujet modifié, ou la sensibilité, et le modificateur du sujet.

Nous avons déjà traité cette question au début de ce travail (37 à 41), et nous avons donné le nom de *matière* à *tout ce qui modifie la sensibilité*. Il nous reste ici à discuter cette définition, et à présenter quelques observations à son sujet.

275. En donnant le nom de matière à tout ce qui modifie la sensibilité, nous n'excluons pas le cas où cette sensibilité elle-même serait matérielle. Seulement, avec ce mode de procéder, nous conservons la possibilité de cette exclusion. Nous laissons donc la question en suspens. Agir autrement eût été résoudre la question par la question.

276. En appelant matière tout modificateur de la sensibilité, nous comprenons nécessairement, sous cette expression, tant les modificateurs à trois dimensions, ou les corps, que les forces. Nous avons dû agir ainsi; car, autrement, la délimitation des idées n'eût pas été exacte. C'eût été comme si l'on bornait le nom de matière aux corps *solides*, par exemple.

Donner, en effet, le nom de matière exclusivement à ce qui a les trois dimensions, porte à entendre que la sensibilité et les forces sont de même nature ; de sorte que, ainsi, les idées de sensibilité et de force modificatrice de cette sensibilité se trouvent confondues. Comme nous le verrons plus loin, cette circonscription irrationnelle des idées conduit, quand on va au fond des choses, au matérialisme, malgré les apparences contraires.

277. Descartes est un des philosophes qui a le plus appuyé sur la définition de la matière bornée aux corps. Voici ses paroles :

— « En examinant la nature de la *matière*, je trouve qu'elle ne consiste en autre chose qu'en ce qu'*elle a de l'étendue en longueur, largeur et profondeur*, de façon que *tout ce qui a les trois dimensions*, est une partie de cette matière... »

— Nous répéterons que borner la matière aux corps revient à donner la même valeur aux expressions *immatériel* et *incorporel*, ou à dire que les forces sont des immatérialités. C'est confondre la sensibilité avec la force, avec la vie ; c'est, enfin, résoudre la question par la question.

278. C'est ainsi que les matérialistes peuvent parfaitement nier qu'ils professent le matérialisme. En voici la preuve :

— « On ne refusera pas de reconnaître, dit M. Damiron, que dans l'univers il y a, *avec l'âme de l'homme*, bien d'AUTRES FORCES qui se déploient. »

— Il est évident que M. Damiron ne se doute

guère que ce passage est la négation la plus expresse de l'immatérialité de l'âme.

279. L'expression matière, telle que nous l'avons définie, doit donc contenir, à peine de confusion dans les idées, ce qui n'a pas les trois dimensions, comme ce qui les possède; les impondérables, comme ce qui est pondérable; les forces, comme les corps; en un mot, TOUT ce qui modifie le sentiment que nous avons de notre existence.

280. Maintenant, connaissons-nous la matière?

Connaître une chose, c'est savoir qu'elle existe et pourquoi elle existe.

Ce qui est éternel n'a pas de cause, n'a pas de pourquoi.

Ainsi, la connaissance de ce qui est éternel est exclusivement relative à la réalité de son existence.

Si donc nous nous mettons en dehors de toute supposition absurde, si nous répudions en cette qualité l'hypothèse de la création (33), la matière, dans son ensemble, est éternelle, et sa connaissance se borne à constater qu'elle existe.

Or, l'existence de ce qui nous modifie ne peut être niée, puisque c'est uniquement par cette modification que nous nous sentons exister.

La matière nous est donc parfaitement connue. Son essence, c'est le mouvement, c'est la vie dans son expression la plus large.

281. Cette dernière assertion, relativement à l'essence de la matière, est trop opposée à l'opinion,

généralement admise, que la matière est inerte, pour ne pas nous y arrêter quelques instants.

Si la matière était réellement inerte, il faudrait, de toute nécessité, puisque le mouvement existe, qu'un être créateur lui eût donné une première impulsion.

Mais, du moment que la création est une absurdité, le mouvement est nécessairement éternel, et la matière est essentiellement active.

282. Suivant le point de vue sous lequel on considère la matière, elle prend différents noms : elle est synonyme de *force*, quand on la regarde comme active ou comme cause; de *mouvement*, quand elle est considérée comme passive ou comme effet; de *modification*, quand on a égard au changement subi par un être matériel.

283. Après avoir étudié la matière dans sa généralité, il est intéressant d'examiner, en particulier, les êtres matériels.

Qu'est-ce qu'un être matériel, une partie de matière ?

C'est la cause d'une modification particulière ou d'un ensemble de modifications particulières du sentiment de l'existence.

Si le mouvement n'existait point, nous n'aurions évidemment pas la perception de notre existence.

Aussi, un être matériel ne nous apparaît-il que comme force, ou cause de mouvement.

Tout être matériel est donc nécessairement changeant, se transformant sans cesse, temporel en un mot, c'est-à-dire ayant un commencement, une durée et une fin, et, pour tout dire, divisible.

Un être matériel est donc un être apparent (45), un phénomène (47); et son essence, c'est l'instabilité ou la divisibilité.

284. Rapprochons ces propositions pour mieux en faire voir l'identité de valeur (121).

Dire qu'un être est divisible, c'est dire qu'il n'est pas éternel; ou bien, qu'il est temporel; ou bien, qu'il a eu un commencement, et qu'après avoir duré, il aura une fin; ou bien, que c'est un être apparent, un phénomène; ou bien, que c'est une cause de modifications perçues par nous; ou enfin, que c'est un être matériel.

En conséquence, partout où nous verrons action modificatrice, transformation, divisibilité, nous pourrons dire qu'il y a là matière.

285. Une des conclusions à tirer de la mutabilité incessante des êtres matériels, c'est qu'ils ne sont pas, à deux moments consécutifs, identiques à eux-mêmes; par conséquent, à plus forte raison, qu'il n'y a pas deux phénomènes, quelque identiques qu'ils paraissent, entre lesquels on ne puisse observer une plus ou moins grande différence, qui ne soient donc *inégaux*.

Mais, d'autre part, il n'en existe pas deux, quelque différents qu'ils soient, entre lesquels on ne puisse rencontrer un plus ou moins grand nombre de points de contact, qui ne soient donc *analogues*.

286. On conçoit, dès lors, qu'il y a moyen de disposer tous les êtres matériels suivant un ordre tel, que chacun se trouve placé entre les deux qui offrent avec lui le plus d'analogies.

La totalité des phénomènes ordonnés suivant le principe que nous venons d'exposer, s'appelle la *série continue des êtres.*

On obtient de cette façon un ensemble dont les premiers termes sont constitués aussi simplement que possible, et dont les derniers montrent un degré de complication quelquefois fort élevé. C'est ainsi que l'on passe, par gradations réellement insensibles, des corps inorganiques aux corps organisés, et parmi ceux-ci, des organisations les plus élémentaires, pouvant donner naissance par la division à de nouveaux êtres vivants, aux animaux supérieurs qui présentent, eux, la plus grande centralisation possible des fonctions vitales, et spécialement celle des fonctions nerveuses au moyen d'un cerveau.

287. Quoique, comme nous venons de le faire remarquer, il n'y ait aucune différence absolue entre les êtres matériels, puisqu'il est toujours possible de constater une analogie, si minime qu'elle soit, entre deux êtres, cependant, on en a divisé l'ensemble en règnes, puis en classes, ordres, familles, etc....; mais cela, uniquement dans le but d'en faciliter l'étude. Car, nous le répétons, on ne peut tracer aucune limite absolue entre les coupes établies par la science actuelle (77 à 83).

288. En réfléchissant à l'absurdité de la créa-

tion, considérée comme la production de la matière par un être tout-puissant qui l'aurait tirée du néant, et en se rappelant que l'essence de la matière c'est le mouvement, on peut arriver à une nouvelle conséquence d'une importance égale à celle de la première.

Le globe ayant été primitivement en fusion, et les organisations s'y étant développées successivement, en raison de leur complexité, il est évident que la vie organique n'est qu'un cas particulier, une sorte d'émanation ou de transformation du mouvement ou de la vie générale, et que les premiers et les plus simples des êtres vivants ont été directement produits par la force inhérente à la matière.

289. Résumons ce paragraphe.

La matière, considérée dans sa totalité, est l'ensemble de tout ce qui est capable d'influer sur la manière dont nous percevons notre existence.

Elle est éternelle.

Chaque partie de matière est temporelle et divisible.

L'essence de la matière est le mouvement.

§ III. Qu'est-ce qu'une immatérialité ?

290. Du moment que l'on connaît la matière dans son ensemble, et les êtres matériels, rien n'est plus simple que de savoir ce qu'est une immatérialité. L'idée d'immatérialité est, en effet, la négation la plus absolue de celle de matière.

Ainsi donc, les immatérialités, si elles existent, sont nécessairement simples, c'est-à-dire indivisibles. Ce sont des unités réelles, absolues. Elles sont donc éternelles, puisque, en leur qualité d'indivisibles, elles ne peuvent subir de transformation.

291. L'expression de *substance*, considérée comme ayant une valeur opposée à celle de phénomène, a la même signification, naturellement, que celle d'immatérialité.

292. Ainsi, pour nous, les expressions d'immatérialité, d'être réel ou de réalité (45), d'unité réelle ou indivisible, de substance, seront toutes équivalentes.

§ IV. Qu'est-ce que la sensibilité?

293. Cette expression est, quant à sa valeur, le complément de celle de matière.

La matière, c'est ce qui modifie. Ce qui perçoit la modification, c'est la sensibilité.

Il n'y a là rien de difficile à saisir.

294. Mais le sujet qui sent l'impression est-il ou n'est-il pas de même nature que l'objet modificateur, est-il ou n'est-il pas matériel? Voilà où la difficulté commence; voilà le véritable problème à résoudre.

Examinons les différents cas qui peuvent se présenter relativement à la nature de la sensibilité.

295. Supposons que l'on ait placé dans un bassin rempli d'eau un canard artificiel, traversé

dans sa longueur, d'une manière occulte, par un barreau aimanté.

Si on lui présente un morceau de pain ou une substance non alimentaire, également traversés par un aimant, et si l'on a soin de diriger celui-ci de manière à mettre les mouvements de l'animal en harmonie avec la matière qu'on lui offre, on verra le canard se tourner vers le pain et s'en approcher, et s'éloigner au contraire de ce qui semble ne pas lui convenir.

Le vulgaire, qui ne connaît pas les propriétés magnétiques, et qui ne voit pas la cause de ces mouvements, prononcera que ce prétendu animal *perçoit* les modifications qu'il subit; tandis que le savant, — au moins celui qui nie que l'aimant sente l'attraction qu'il éprouve de la part des pôles terrestres, — sait que cette sensibilité n'est qu'apparente.

Ainsi donc il peut y avoir tel cas où un être matériel, quoique ne possédant pas, en fait, la sensibilité, en manifeste cependant toutes les apparences.

Dans de pareilles circonstances, nous dirons que la sensibilité est *apparente* ou *illusoire*.

296. Quand, au contraire, il existe véritablement perception des modifications subies, que l'être modifié se sent exister, comme c'est le cas chez l'homme, alors il y a, dirons-nous, sensibilité *réelle* ou *incontestable*.

297. Mais ici deux nouveaux cas sont possibles, exclusifs l'un de l'autre.

En effet :

Ou la sensibilité est *matérielle*, ou elle est *immatérielle*. Pas de troisième alternative imaginable ; c'est évident.

298. Ainsi, chaque fois que l'on parle de la sensibilité, il faut soigneusement indiquer, sous peine de logomachie, laquelle des espèces on entend désigner par cette expression : la sensibilité apparente, la sensibilité réelle matérielle, ou la sensibilité réelle immatérielle.

299. Nous verrons plus loin comment on peut savoir si tel être est, oui ou non, sensible réellement, et comment on parvient à connaître si la sensibilité est matérielle ou immatérielle. Mais il fallait désigner les différentes possibilités, à cet égard, par des expressions bien claires. Bornons-nous à constater, pour le moment, que la sensibilité est évidemment réelle chez les êtres qui répondent à celui qui les interroge : *Je me sens exister ;* tandis qu'elle pourrait fort bien n'être qu'illusoire chez ceux qui ne répondent rien dans ces circonstances.

300. Mettons en rapport, pour terminer ce paragraphe, les deux idées de sensibilité et de matière.

Si nous considérons l'ensemble de tous les êtres, en faisant toutefois abstraction de l'homme, — nous donnons à cette expression la valeur généralement reçue, tout indéterminée qu'elle soit (85), — voici où l'on arrive. En partant des êtres les plus simples, où la sensibilité semble purement apparente (295), et en remontant de là jusqu'aux organismes les plus parfaits, on est obligé de conclure, puisqu'aucune ligne de démarcation absolue ne sépare les êtres, que les animaux supérieurs, eux aussi, ne possèdent que la sensibilité apparente.

Mais si on opère en sens inverse; si on part des animaux supérieurs, où la sensibilité paraît évidemment réelle (296), pour aboutir aux êtres les plus simplement organisés, voire même aux corps inorganiques, on est forcé d'avouer qu'il n'y a aucun motif de refuser à ceux-ci la sensibilité réelle, puisque, nous le répétons, aucune des coupes qui divisent la série des êtres n'est basée sur une différence essentielle.

Ainsi, suivant le sens dans lequel on parcourt l'ensemble des êtres, on arrive à deux conclusions complétement opposées : *tout est sensible*, et, *rien n'est sensible*; ou bien : *la sensibilité réelle existe partout*, et, *la sensibilité réelle n'existe nulle part*. N'oublions pas que nous avons fait abstraction de l'homme, dans le raisonnement qui précède.

301. Disons cependant que c'est la première conclusion qui *paraît* exprimer la vérité.

Si l'on inclut, en effet, l'homme *tout entier* dans la série des êtres (*), ce qui semble parfaitement légitime d'après tous les enseignements de la science actuelle, il n'est plus permis de dire : *rien n'est sensible*, puisque l'homme possède la sensibilité incontestablement. Il ne reste donc,

---

(*) L'homme, dans toutes les hypothèses possibles, fait toujours partie intégrante de la série continue, par son organisme.

alors, qu'à descendre l'échelle des êtres, et à soutenir que *tout est sensible*.

302. Néanmoins, on doit bien noter que cette affirmation n'est basée que sur des analogies ayant pour conséquence l'hypothèse que la continuité de la série est réelle, depuis l'homme inclusivement jusqu'aux phénomènes les plus simples. Il se pourrait, en effet, que tous les êtres fussent sensibles en apparence, l'homme seul possédant la sensibilité réelle.

Nous verrons ce qui en est, dans la suite de ce chapitre. Il nous suffit de constater que, relativement à l'existence de la sensibilité, il faut choisir entre les deux hypothèses suivantes :

Ou la sensibilité est réelle chez tous les êtres;

Ou elle est réelle chez certains êtres, et seulement apparente chez les autres.

§ V. DE L'ACTION ET DE LA PASSION, EN GÉNÉRAL.

303. Nous venons de discuter les idées de matière, d'immatérialité et de sensibilité, et de voir ce que sont les êtres matériels, immatériels, — s'il en existe, — et sensibles. Il nous reste à examiner comment ces diverses espèces d'êtres peuvent parvenir à notre connaissance, c'est-à-dire, de quelle manière ils se manifestent à nous.

Cet examen est indispensable. Car, pour savoir où chercher la vérité, et pour la reconnaître quand on se trouve en sa présence, il faut évidemment connaître les indices auxquels on s'aperçoit avec certitude que l'on a affaire à une sensibilité et à une immatérialité, puisque la vérité n'est que la sensibilité démontrée immatérielle.

Mais, comme un être ne peut se manifester qu'à l'occasion d'une modification qui l'affecte, nous devons aussi chercher à quelles conditions il peut percevoir des modifications.

Nous nous proposons donc de considérer les êtres matériels, immatériels et sensibles, sous le double rapport de l'*action* et de la *passion*. Nous acquerrons ainsi l'idée de la manière dont nous avons connaissance des êtres autres que nous, et celle de la façon dont ils peuvent avoir connaissance d'eux-mêmes.

Pour procéder méthodiquement, nous débuterons par établir quelques idées générales au sujet de l'action et de la passion ; puis, nous examinerons spécialement, dans les deux paragraphes qui vont suivre, quelles sont les conditions nécessaires pour qu'un être perçoive, se perçoive et agisse.

304. Etudions donc la passion dans son aspect le plus général, c'est-à-dire abstraction faite de toute hypothèse sur la nature de la sensibilité, qu'elle soit immatérielle, matérielle, ou même seulement apparente.

Un seul exemple suffira, pensons-nous, pour voir clair dans cet ordre d'idées. On en trouvera du reste d'autres, dans notre *Etude sur le monde physique*. (Voir la *Revue trimestrielle* d'octobre 1859, pages 181 et suivantes).

305. Si l'on comprime, entre les doigts, un cristal de spath d'Islande, il acquiert aussitôt l'électricité positive, et la conserve durant plusieurs jours.

Quels phénomènes observons-nous ici ?

1° La compression au moyen des doigts : c'est là l'*agent modificateur ;*

2° Le cristal de spath : c'est là le *sujet modifié ;*

3° L'effet subi par le sujet affecté : c'est là une modification *passagère,* une *sensation* prise dans son sens le plus large ;

4° L'électrisation : c'est là une modification persistant après que la cause modificatrice a cessé d'agir, une modification *permanente,* une abstraction ou une image de la sensation, une *idée* enfin, en donnant aussi à cette expression sa valeur la plus générale ;

5° La propriété de conserver et de rappeler, pendant un temps plus ou moins long, cette modification permanente : c'est là la *mémoire.*

Il n'y a pas de corps inorganique ou organisé qui ne présente, plus ou moins distinctement, à la suite d'une modification, cet ensemble de phénomènes.

306. Passons actuellement à l'étude de l'action, considérée également au point de vue le plus général, c'est-à-dire abstraction faite de toute hypothèse sur la nature de l'être qui agit, qu'il soit par conséquent sensible en réalité ou en apparence, matériel ou immatériel.

307. Nous ne pouvons avoir connaissance d'un

être, quel qu'il soit, que par l'impression qu'il produit sur nous. Cette impression est une action dont l'être en question est la cause.

308. Évidemment, l'action dont nous parlons ne peut avoir lieu qu'à l'occasion d'une modification subie par l'être qui agit. Sans cela, en effet, elle n'aurait pas de raison d'être, de pourquoi, de cause ; et c'est seulement ce qui est éternel qui n'a pas de pourquoi.

309. En conséquence, toute action, considérée comme le lien existant entre un être et l'observateur, est un mouvement qui traduit une modification subie, un *signe* enfin. Ainsi le langage ou le *verbe*, pris dans son sens le plus étendu, consiste dans l'ensemble de tous les mouvements ou signes au moyen desquels un être manifeste, à celui qui l'étudie, les diverses modifications qui l'affectent.

310. Donnons un exemple.

Si l'on suspend une aiguille aimantée sur un pivot, de manière qu'elle puisse se mouvoir en tous sens, elle prend la direction du Nord au Sud (*), et, pour peu qu'on l'en écarte, elle y revient par des oscillations successives.

Quels sont les phénomènes qui se présentent ici ?

1° L'aimantation : c'est là une modification

(*) A dire vrai, elle en dévie un peu. Mais cela ne change rien à la question.

permanente de l'aiguille métallique, une *idée*
(305, 4°);

2° Le mouvement au moyen duquel cette aiguille prend une direction déterminée : c'est là
une *action* ;

3° Ce mouvement a lieu parce que l'aiguille
est affectée par le magnétisme du globe terrestre :
il y a donc *signe traducteur* d'une modification
subie, ou *verbe*.

Encore une fois, il n'y a pas d'être qui n'offre,
d'une manière plus ou moins marquée, cet ensemble
de phénomènes.

Inutile de répéter, pensons-nous, que dans la
signification attribuée aux mots *idée*, *action*,
verbe, etc., nous faisons complétement abstraction, jusqu'à ce moment, de la question de savoir si les êtres dont nous parlons sont sensibles
en réalité ou en apparence, s'ils agissent librement ou nécessairement, si la sensibilité est matérielle ou immatérielle. Ce n'est du reste qu'en
se servant de termes aussi vagues que l'on peut
dire, avec Lamennais, que *tout parle*.

311. Récapitulons les phénomènes qui se présentent dans la passion et dans l'action, en les
examinant spécialement chez les êtres qui se
rapprochent davantage de nous par leur organisation, c'est-à-dire chez les animaux supérieurs
ayant un centre nerveux ou un cerveau.

Parmi toutes les propriétés d'un être, il y en a
un certain nombre qui servent à le faire reconnaître, par celui qui l'observe, comme étant toujours le même, malgré les différences de temps

et de lieux, et les diverses modifications qu'il aurait pu subir.

312. La sensation est une modification subie par un être, modification purement passagère, et n'allant pas jusqu'à changer l'ensemble des propriétés qui servent à constater son identité.

Cette modification entre dans l'organisme par un des cinq sens, pour aller ensuite réagir sur le cerveau, où toutes les impressions se centralisent.

313. La sensation retentit ainsi jusqu'au centre nerveux et le modifie d'une manière permanente; de façon qu'en l'absence de cette sensation, le cerveau peut cependant reproduire ses effets, à l'occasion de telles ou telles circonstances.

Cette modification cérébrale permanente, cette abstraction ou image d'une sensation, est une idée.

314. La mémoire est la propriété du cerveau de conserver des modifications un temps plus ou moins long : c'est la propriété d'avoir des idées.

315. Une action est un mouvement dont un être est la cause, mouvement qu'il fait à l'occasion d'une modification subie, ou du rappel d'une modification subie.

316. Un signe enfin est une action, considérée comme traduisant au dehors une modification subie, ou tel état particulier dans lequel se trouve l'être qui se manifeste.

317. Examinons maintenant les rapports qui existent entre l'action et la passion, toujours en continuant à faire abstraction de toute hypothèse

sur la matérialité, l'immatérialité, ou l'apparence du sentir.

318. Un signe est le mouvement traducteur d'une modification subie, avons-nous dit. Mais il faut noter que ce signe manifeste, non la modification passagère, la sensation, mais bien l'idée, ou la modification permanente.

Par exemple, le lièvre qui a été blessé par un coup de fusil en passant par le trou d'une haie, subira un mouvement de répulsion, chaque fois qu'il passera par le même endroit, sans qu'il soit nécessaire le moins du monde, pour produire cet effet, d'un nouveau coup de fusil.

Ainsi, le mouvement de recul de l'animal traduit la modification permanente du cerveau, l'idée conservée dans la mémoire, et non la modification produite par les grains de plomb, puisque celle-ci a été seulement momentanée.

319. L'exemple que nous venons de donner montre, en outre, comment le cerveau peut reproduire les effets dus à une modification, en l'absence de cette modification.

Il en est de même du chien qui aboie en dormant, parce qu'il rêve qu'il est en chasse. Les impressions conservées dans sa mémoire lui font faire les mêmes mouvements que s'il chassait réellement.

320. Parler, c'est combiner des idées et les manifester aux autres; c'est penser tout haut. Penser, c'est combiner des idées et se les manifester à soi-même; c'est parler en dedans, tout bas.

321. Se percevoir, se sentir exister, c'est se dire : *Je me distingue de ceci, de cela*, etc., enfin, *de tout ce qui m'entoure*. C'est donc penser, c'est parler, au moins à soi-même, c'est exprimer des idées, c'est être intelligent, ou raisonner.

Ainsi : perception de l'existence et intelligence ou raisonnement, c'est une seule et même chose.

322. Parler, tant à soi-même qu'aux autres, c'est combiner des idées, manifester des modifications subies, les exprimer au moyen de signes ; c'est produire du mouvement, travailler ou agir.

Ainsi : perception de l'existence et action, voilà encore des phénomènes qui doivent exister simultanément, qui même, au fond, ne sont pour ainsi dire qu'une seule et même chose.

323. Pour parler, pour penser tout haut, il faut évidemment des signes traduisant les idées à exprimer ; mais pour penser, pour parler en dedans, à soi-même, l'existence des signes est-elle également nécessaire ?

Certainement. En effet, une idée étant une modification permanente, une impression déposée à demeure dans la mémoire, il est impossible de mettre les idées directement en rapport. Il faut, pour parvenir à penser, les combiner indirectement au moyen d'espèces d'images qui les représentent. Or, ces images des idées sont précisément les signes.

On comprendra encore mieux combien les signes sont indispensables pour pouvoir se parler à soi-même, si on se rappelle la difficulté que l'on éprouve à penser dans une langue avec laquelle on n'est pas parfaitement familiarisé.

324. Puisque la pensée ne peut pas exister sans signes, et que les signes sont l'expression des pensées, la parole et la pensée doivent naître simultanément.

325. Ceci posé, nous pouvons passer à la recherche des conditions nécessaires pour qu'un être puisse se percevoir et agir. Mais, préalablement, et au risque d'ennuyer le lecteur, rappelons encore une fois que, dans tout ce qui vient d'être établi, nous n'avons fait aucune hypothèse sur la nature de la sensibilité, et que, par conséquent, le sens des expressions dont nous nous sommes servi, *sensation, idée, action, signe, verbe, intelligence, raisonnement,* etc..., ont dû nécessairement rester dans une certaine indétermination. Nous ne pourrons préciser que plus tard.

§ VI. Des conditions nécessaires pour qu'un être se perçoive.

326. Un être qui ne possède qu'une sensibilité apparente (295) ne perçoit, évidemment, qu'en apparence. Un tel être ne peut avoir conscience de son existence. Il ne *se* sent pas ; il ne sent pas ; il *est.* Voilà tout.

327. Il en est tout autrement si l'être que nous étudions, jouit de la sensibilité réelle ou incontestable. Il est susceptible de *se* percevoir ; mais à quelles conditions ? Voilà ce qu'il importe d'examiner.

Etudions donc la perception de l'existence ou la connaissance de soi, en laissant encore de côté, pour le moment, toute hypothèse relative à la nature matérielle ou immatérielle de la sensibilité.

328. Un être sensible est-il capable, d'emblée, de se percevoir, de se sentir exister ?

Non.

En effet : se sentir exister, se percevoir, ou enfin se connaître, tout cela ne peut avoir lieu qu'en se distinguant de ce qui n'est pas soi. Or, comment y aurait-il possibilité pour un être d'opérer cette distinction, en ne subissant aucune modification ? En d'autres termes, comment pourrait-il se différencier de ce qui n'est pas lui, sans savoir qu'il y a autre chose que lui, sans se trouver, par conséquent, en rapport avec ce qui l'entoure par les modifications qu'il en subit ?

Ainsi, première condition : pour qu'un être se perçoive, il faut qu'il soit *modifié*.

329. Mais une seule modification suffirait-elle pour donner naissance à la perception de soi ?

Non.

Subir une modification unique ne peut avoir d'autre résultat que la confusion entre l'être sentant et ce qui l'impressionne. Ainsi, l'enfant qui serait soumis, à partir de sa naissance, toujours à la même modification sa vie durant, n'acquerrait jamais la conscience de lui-même. Ainsi encore, l'homme fait qui serait soustrait à la diversité des impressions, finirait par perdre conscience de son existence.

Pour se percevoir, l'être sensible doit donc se trouver affecté par *au moins deux* modifications.

330. Mais cette condition même serait nulle, sans une troisième qui en fait toute la valeur, et qui est, par cela même, indispensable.

Si, en effet, l'être sensible n'était pas capable de se rappeler les impressions passées, ou, plus exactement, si ces impressions ne pouvaient pas être représentées, dans certaines circonstances, à l'être sensible, il est clair qu'une série nombreuse de modifications successives, et une modification unique, seraient choses identiques, quant au résultat. Car, au point de vue qui nous occupe, subir une impression ou en subir mille, dont on ne se rappelle pas les neuf cent quatre-vingt-dix-neuf premières, revient exactement au même.

Ainsi donc, la troisième condition indispensable pour qu'un être sensible puisse se connaître, c'est qu'il possède une *mémoire*.

331. Disons ici quelques mots sur le rôle joué par la mémoire. Ils ne seront pas sans utilité.

Conserver les impressions passées est impossible, puisqu'elles sont fugitives et qu'elles ne subsistent pas après que leur cause a cessé d'agir. Mais conserver les images de ces impressions, les idées (313) correspondantes à chaque sensation, cela est possible, puisque ces images sont des modifications permanentes.

Ainsi, la mémoire ne sert pas à la conservation des sensations passées, mais bien à celle des idées, ou des images de ces sensations.

352. Il est à peine nécessaire d'ajouter que la mémoire doit être centralisée dans un organe spécial, qui est le cerveau, afin que les modifications convergent vers un point unique. Sans cette disposition, l'être unique ne pourrait pas se percevoir comme unité.

333. Pour en revenir à la question qui nous occupe, la quatrième condition indispensable à la perception de l'existence, c'est qu'il y ait, chez l'être sensible, des *idées* ou modifications permanentes, images des modifications passagères ou des *sensations*.

334. Les conditions dont nous venons de parler, et qui se résument en : *plusieurs modifications dont les images sont conservées dans la mémoire*, ces conditions, disons-nous, sont indispensables à la perception de soi. Mais sont-elles suffisantes?

Oui. En effet :

Qu'est-ce qu'une sensation dans le cas qui nous occupe (327) ? C'est une modification existant chez un être réellement sensible, une modification de la sensibilité.

Ainsi, toutes les sensations considérées chez un même sujet sensible présentent quelque chose de commun, qui est ce sujet, et quelque chose de différent, qui est chaque espèce de modification.

Il s'ensuit que, lorsqu'un être susceptible de sentir subit une première impression, il la sent, mais sans pouvoir distinguer le sujet modifié de l'agent modificateur, puisqu'ils se trouvent confondus.

Mais quand il survient une seconde impression, et que la première est rappelée par la mémoire, il y a en présence deux modifications différentes du même être sensible, lequel se distingue alors comme étant le sujet de toutes deux.

335. Il résulte de ce qui précède qu'il existe deux espèces de *sentir*. L'une consiste dans la sensation d'une modification unique, non rattachée à d'autres, soit parce qu'il n'y en a pas d'autres, soit parce que la mémoire n'est pas développée, soit enfin pour n'importe quel autre motif. L'autre espèce consiste dans l'existence de plusieurs modifications successives, reliées entre elles au moyen de la conservation de leurs images dans la mémoire, et, par suite, dans la perception de l'existence.

Ces deux manières de sentir sont donc fort différentes. Dans la seconde, il y a perception d'une succession dans les modifications, développement des idées d'antériorité et de postériorité, de passé, de présent et de futur, du temps par conséquent. Dans la première manière, au contraire, rien de tout cela ; l'être sensible est toujours au présent. Il se trouve en dehors du temps.

Nous appellerons ces deux espèces de mise en branle de la sensibilité : l'une, *sentir* DANS LE TEMPS, l'autre, *sentir* DANS L'ÉTERNITÉ.

336. Il est très-important de bien saisir la différence qu'il y a entre la sensation dans le temps et la sensation dans l'éternité. Aussi entrerons-nous dans quelques détails.

La sensation dans le temps n'existe, avons-nous vu, que lorsqu'un être sensible est soumis à une succession de modifications reliées par la mémoire. Il y a alors modifications *perçues*, ou dont l'être affecté se rend compte. Il se distingue de ce qui agit sur lui. Il *sait* qu'il sent.

La sensation dans l'éternité ne présente rien de semblable. Il y a une seule modification, *sentie* puisque l'être est sensible, mais non *perçue*, ce qui signifie que l'être modifié ne *se sent pas*, ou *ne sait pas* qu'il sent.

Pourquoi cette différence?

Parce que, pour se rendre compte ou juger d'une sensation, il faut pouvoir la comparer à une autre; ce qui est facile quand il y en a plusieurs, mais ce qui est impossible quand elle est seule.

337. Un être possédant la sensibilité réelle ou incontestable, mais ne sentant que dans l'éternité, n'existe évidemment pas pour lui-même. Car, exister pour soi, c'est se sentir exister, se connaître.

Mais du moment que le même être sent dans le temps, il se distingue de ce qui l'entoure, il se perçoit, il existe pour lui.

338. En résumé, les conditions absolument nécessaires et suffisantes pour qu'un être sensible ait connaissance de soi, pour qu'il passe de l'éternité au temps, sont: l'existence de modifications successives, et le placement des images de ces sensations dans la mémoire.

Appliquons ces données aux deux seules circonstances qui peuvent se présenter relativement à la nature de la sensibilité, suivant qu'elle est matérielle ou immatérielle.

339. Commençons par l'hypothèse que la sensibilité serait matérielle.

Dans ce cas, elle est simplement une propriété de l'être sensible, un résultat de sa constitution, de sa composition, de son organisation enfin. L'être a la propriété de sentir, comme il a d'autres propriétés.

Alors, pour qu'il perçoive son existence, pour qu'il sache qu'il existe, il faut, répétons-le, qu'il subisse des modifications, et que des images de ces modifications se placent dans sa mémoire.

340. Si la sensibilité est immatérielle, elle n'est plus une propriété; elle est un être indivisible, réel, immuable, éternel, une unité véritable, une substance enfin (291).

341. Mais un être simple est-il capable de se percevoir, de se sentir exister?

Non.

Il n'est possible de se percevoir, en effet, qu'affecté par l'impression subie de la part d'un modificateur quelconque (328). Or l'essence de l'unité véritable est précisément l'impossibilité dans laquelle elle se trouve d'être impressionnée ou modifiée de quelque manière que ce soit (290), tandis qu'au contraire l'essence d'un être matériel est la transformation continuelle, la métamorphose incessante (283).

En conséquence, la sensibilité, supposée immatérielle, ne peut avoir connaissance de son existence que par son union à une partie de matière.

342. Si maintenant nous ajoutons à cela les conditions énoncées plus haut (328 à 330, 333, 338), comme indispensables et suffisantes pour qu'une sensibilité réelle se perçoive, nous aurons l'ensemble des circonstances sans lesquelles une immatérialité ne peut parvenir à la conscience de soi, et avec lesquelles elle passe nécessairement de l'éternité au temps.

Énumérons-les :

D'abord, l'immatérialité doit être unie à une partie de.matière.

Puis, cette partie de matière doit jouir de la propriété de conserver et de rappeler les impressions.

Puis encore, la mémoire doit être centralisée au moyen d'un cerveau.

Ensuite, cet ensemble doit être soumis à des modifications.

Enfin, ces modifications doivent laisser des traces permanentes dans la mémoire.

343. En résumé, si la sensibilité est immatérielle, elle présente trois espèces d'existence.

1° Quand elle est isolée, elle EST. Elle n'existe pas pour elle-même.

2° Quand elle est unie à un organisme ayant une mémoire centralisée, mais sans subir de modifications successives, elle *sent* DANS L'ÉTERNITÉ. Elle n'existe pas encore pour elle-même.

3° Lorsqu'il y a conservation dans la mémoire des images des modifications successives, elle *sent* DANS LE TEMPS. Elle existe pour elle-même ; elle se perçoit.

344. Nous venons de voir comment un être sensible, qu'il soit matériel ou immatériel, peut se percevoir, ou arriver à passer de la sensation dans l'éternité à la sensation dans le temps. Nous étudierons plus loin comment cet être, une fois parvenu à exister dans le temps, persiste dans cet état. Disons-en néanmoins quelques mots à cette place.

345. Chaque fois qu'il y a coexistence dans la mémoire de deux images de modifications, l'être sensible se perçoit, ou sent dans le temps : c'est évident (334, 336) ; mais pour retomber aussitôt dans l'éternité, jusqu'à ce que deux nouvelles modifications viennent à être reliées par la mémoire.

Pourquoi ce retour à l'éternité ?

Parce que, du moment où les traces laissées dans la mémoire par les modifications éprouvées, se trouvent effacées, il n'y a plus possibilité pour l'être de se distinguer de ce qui l'entoure.

346. Pour que l'existence dans le temps persiste, et par conséquent la perception de soi, il faut que les images des modifications, conservées dans la mémoire, soient reproduites ou rappelées assez fréquemment pour ne plus s'effacer.

Or, que faut-il pour que ce phénomène ait lieu ? Que l'être sensible se trouve en rapport avec un autre être également susceptible de se percevoir, et par conséquent d'entrer en communication intellectuelle avec lui.

En effet, tant que l'être qui possède la sensibilité ne se trouve pas dans cette circonstance, tant
qu'il reste isolé, il n'a personne à qui communiquer des modifications perçues; il n'a donc pas
besoin de les manifester; il ne produit donc pas
de signes traducteurs ; il ne combine pas des
idées, puisque cette combinaison ne peut se faire
qu'au moyen de leurs signes représentatifs (325);
enfin il ne peut continuer à se percevoir, puisque
penser et se sentir exister sont une seule et
même chose (321).

Au contraire, quand il y a contact entre deux
sensibilités, il y a besoin de manifester les modifications perçues, production de signes traducteurs, rappel des idées, ce qui ravive les impressions de la mémoire, et, par suite, persistance
dans la conscience de soi.

347. Ainsi, pour que l'être qui a passé de l'é-
ternité au temps puisse persister dans cet état,
il faut ajouter aux conditions indispensables à ce
passage (334), la circonstance suivante : état de
société prolongé avec un être également sensible.

Nous montrerons plus loin, dans le courant
du § viii, que chaque fois que cet ensemble de
conditions a lieu, la continuité de l'existence dans
le temps se produit nécessairement.

§ VII. DES CONDITIONS NÉCESSAIRES POUR QU'UN ÊTRE AGISSE.

348. Nous venons d'examiner à quelles conditions les êtres se perçoivent, ou existent pour

eux-mêmes. Il nous reste à chercher de quelle façon et dans quelles circonstances ils se manifestent, c'est-à-dire, comment ils existent pour les
autres.

Nous avons déjà, dans le courant du § v, traité
cette question, mais en restant dans une certaine
indétermination. Dans ce qui va suivre, nous
allons préciser.

De la nécessité et de la liberté.

349. Un être agit. Peut-il se présenter, dans
cet ordre d'idées, deux circonstances bien distinctes, absolument opposées même?

Certes. Les deux cas suivants sont, en effet,
parfaitement concevables, sont même les seuls
possibles : l'être dont nous parlons était capable
d'agir tout autrement qu'il l'a fait, ou il ne
l'était pas.

350. Ainsi donc, sous peine de logomachie,
il faut distinguer deux espèces d'agents et d'actions : l'une, renfermant les agents que nous appellerons *libres*, capables d'actions *réelles, proprement dites*, pouvant faire ou ne pas faire telle ou
telle chose; l'autre, constituée par l'ensemble
des agents que nous qualifierons d'*automates*,
capables seulement d'actions *figurément dites* ou
illusoires, ne pouvant faire que ce qu'ils font.

351. Si l'on se rappelle la distinction que nous
avons établie entre les causes (69), on reconnaîtra
qu'il y a identité entre cause réelle et agent sus-

ceptible de liberté, de même qu'entre automate et cause illusoire.

352. Quand un automate agit, il agit nécessairement ; il est l'instrument d'une cause antérieure à lui-même, qui le force à produire tel effet (70).

Si cet automate est sensible, et s'il existe dans le temps, — nous supposons pour le moment la sensibilité matérielle, — il n'en agit pas moins nécessairement. Mais, comme les attractions auxquelles il obéit sont perçues, et que le plaisir n'est qu'une attraction perçue et satisfaite, les actions, dans l'hypothèse que nous faisons, ont pour cause le bonheur de l'être qui agit.

Lorsqu'enfin un être libre agit, il a dû, préalablement, choisir entre deux ou plusieurs actes ; et il lui a fallu un motif, un but à atteindre, pour qu'il se décidât à faire telle chose plutôt que telle autre. Sans cela, en effet, il n'y aurait pas eu de raison pour choisir, et, par conséquent, pas d'exercice de la liberté.

Pas d'action réelle sans motif, est aussi vrai, dans l'ordre de liberté, que *pas d'effet sans cause*, dans l'ordre de nécessité.

353. L'être libre, dans l'instant où il choisit, où il se détermine, devient une *volonté réelle*.

354. Comme les signes (316) sont des mouvements, ou des actions considérées seulement sous un point de vue particulier, il est clair que nous devons également en admettre deux espèces. Nous aurons donc le verbe et les signes *nécessaires*, quand ce sera un automate, sensible ou

non, qui traduira une modification subie; ensuite, le verbe et les signes *conventionnels*, quand ils proviendront d'un être libre (182).

355. Pourquoi conventionnels?

Parce qu'ils résultent d'un accord ou d'une convention entre deux interlocuteurs, ayant pour but d'attribuer à ces signes une signification commune.

356. Est-il besoin de faire remarquer que les signes traducteurs d'une modification subie peuvent consister en toute espèce de mouvements : gestes, cris, langage articulé, etc..., selon les circonstances?

Penser différemment aurait pour résultat de rétrécir la question d'une manière absurde.

Des êtres libres et des automates.

357. Maintenant que nous savons ce qu'il faut entendre par agir librement, et agir nécessairement, cherchons quelle est la nature des êtres libres, ainsi que celle des automates.

358. Pour qu'un être puisse agir librement, il ne faut pas qu'il soit dans le cas d'être forcé à agir; il faut que rien ne puisse l'influencer; qu'il ne se trouve dans la dépendance de rien; il est indispensable qu'il ne soit l'effet d'aucune cause; il doit nécessairement ne pas avoir de commencement, ne pas être divisible; il est nécessairement éternel (187).

Ainsi, les êtres simples, indivisibles, éternels, les êtres réels enfin ou les immatérialités, sont seuls susceptibles d'agir avec liberté, et, quand ils agissent, c'est toujours librement.

359. Par contre, pour agir automatiquement, il faut qu'un être soit dépendant d'un autre être, ayant existé antérieurement; il faut qu'il soit un effet, qu'il ait une cause; il est nécessaire qu'il ait un commencement, qu'il soit enfin temporel.

Ainsi, les êtres divisibles, temporels, matériels, agissent toujours nécessairement.

360. Mais, pour qu'un agent soit libre, il ne suffit pas qu'il soit éternel. Une cause ne peut agir librement, en effet, que si elle est susceptible d'avoir conscience d'elle-même. Pour pouvoir faire ceci plutôt que cela, il faut que l'agent puisse choisir, par conséquent se rendre compte des diverses alternatives. Il faut donc qu'il soit sensible.

361. En résumé, la nature des automates est matérielle, et celle des agents libres, est simultanément, sensibilité et immatérialité (187).

362. Pour qu'un être puisse jouir de la liberté, il doit avoir conscience de son existence; c'est clair. Mais la proposition inverse est-elle vraie? Un être qui se perçoit est-il nécessairement libre? Oui, si la sensibilité est immatérielle; non, si elle est matérielle.

363. Maintenant, tous les êtres sont-ils des automates? Ou bien, la liberté existe-t-elle chez tous? Ou enfin, y a-t-il seulement ici liberté, et là automatisme?

Examinons cette difficulté.

364. La liberté peut n'exister nulle part; c'est

évident. Il suffit, pour cela, qu'il n'y ait nulle part immatérialité.

L'automatisme est donc universel si la sensibilité est matérielle (362).

365. La liberté peut se rencontrer chez quelques êtres, et l'automatisme chez tous les autres ; c'est encore évident. Pour cela, il faut et il suffit que la sensibilité soit en même temps immatérielle et le privilège de certains êtres.

Alors la liberté existe exclusivement chez ceux-ci.

366. Enfin, pourrait-il arriver que la liberté se retrouvât chez tous les êtres?

Non.

Car, pour cela, il faudrait que la sensibilité fût, à la fois, universelle et immatérielle. Or, c'est ce qui est absolument impossible. Certains êtres, en effet, peuvent, par la division, en produire de nouveaux jouissant de toutes les propriétés du premier. Si donc celui-ci était sensible, les derniers le seraient également, et il faudrait conclure que la sensibilité est divisible : ce qui est incompatible avec l'idée d'immatérialité (290).

La liberté universelle est donc absurde, puisque les idées de sensibilité universelle et de sensibilité immatérielle sont incompatibles, c'est-à-dire irréductibles à l'identité de valeur.

367. La conséquence de ces prémisses, c'est que, dans l'ensemble des êtres, il y en a toujours, et dans tous les cas, une partie composée exclusivement d'automates.

Du mode de manifestation des êtres matériels et immatériels.

368. Il nous reste à examiner, au point où nous sommes parvenus, comment les différents êtres se manifestent à l'observateur.

369. Se manifester, traduire au dehors une modification subie, émettre des signes, exister pour les autres en un mot, tout cela, au fond, c'est produire du mouvement (522).

Ainsi un être, quel qu'il soit, ne peut se faire connaître qu'en donnant naissance à des mouvements qui modifient celui à qui il se manifeste. Impossible, d'ailleurs, d'imaginer une autre manière de rendre son existence évidente.

De sorte que nous ne pouvons nous apercevoir de l'existence des immatérialités, comme des êtres matériels, que par le moyen des impressions qu'elles nous font subir, par les phénomènes qu'elles nous présentent.

Mais, comme nous l'allons voir, les circonstances dans lesquelles cela peut avoir lieu diffèrent suivant l'espèce d'être qui agit.

370. Les êtres matériels parviennent à notre connaissance par les modifications qu'ils excitent directement en nous.

Et, puisqu'ils agissent toujours automatiquement, les idées, ou images des sensations qu'ils subissent, se placent nécessairement dans leur mémoire, par un effet des lois de la matière; les signes par lesquels ils nous traduisent les impressions qui les affectent sont produits nécessairement; ils ne sont pas conventionnels (384). Le langage de ces êtres est purement automatique; ils ne raisonnent que mécaniquement.

371. Si l'être matériel est sensible, c'est-à-dire si la sensibilité est matérielle, il en est exactement de même. Seulement, pour qu'il puisse agir en vertu de modifications perçues, il faut nécessairement qu'il ait passé de l'éternité au temps et qu'il y persiste; et pour cela, l'état de société avec un autre être sensible est indispensable (346).

Sans cette circonstance, l'être susceptible de sentir n'agit que comme automate insensible.

372. Quant aux êtres immatériels, nous venons d'établir (368) que lorsqu'ils agissent, c'est toujours avec liberté. Par conséquent, ce n'est pas nécessairement qu'a lieu le placement des idées dans la mémoire, chez l'être immatériel; c'est lui qui fait l'image et qui la fixe dans la mémoire; et, quand il exprime des modifications perçues, les signes traducteurs sont toujours conventionnels. Le langage des immatérialités est donc un langage réellement libre; et quand elles raisonnent, c'est encore librement.

373. Mais une immatérialité est-elle, dans tous les cas, susceptible d'agir, ou bien doit-elle se trouver dans certaines circonstances à déterminer? Voilà un problème à résoudre.

Si, tout d'abord, nous réfléchissons à ceci : pour qu'un être puisse agir librement, il doit se trouver sollicité par deux tendances opposées, entre lesquelles il ait un choix à faire; et pour cela, il faut nécessairement qu'il perçoive des modifications, qu'il se sente exister;

Si, d'autre part, nous nous rappelons qu'un être immatériel, pour se percevoir, a besoin d'être uni à une partie de matière (341);

Nous en conclurons qu'une immatérialité, considérée isolément, est absolument incapable d'agir, de se manifester, de parler.

Nous en conclurons encore que, pour être capable d'agir, elle doit se trouver unie à une partie de matière jouissant de la propriété de conserver les images des impressions subies.

Du reste, il est clair qu'une condition indispensable pour pouvoir manifester des modifications perçues, c'est d'en percevoir; ce qui ne peut avoir lieu, pour l'espèce d'êtres dont nous parlons, que dans les circonstances énoncées ci-dessus et au paragraphe précédent (342).

374. Mais nous pouvons présenter cette démonstration sous une autre forme.

Une immatérialité isolée, est-elle capable de se manifester, de donner naissance à des signes? Non.

Si elle se manifestait, en effet, ce ne pourrait être qu'en modifiant d'une façon ou d'une autre le sentiment que nous avons de notre existence. Or cela seul l'anéantirait comme immatérialité, puisque c'est là le caractère essentiel de la matière (274).

Encore une fois donc, une immatérialité ne peut agir qu'unie à une partie de matière.

375. Mais, ce premier point étant admis, rien ne s'oppose à ce que nous nous assurions, par une voie différente, si les autres conditions réclamées pour qu'une immatérialité se perçoive, le sont également pour que cette immatérialité agisse.

376. Quand une immatérialité agit, c'est toujours librement, nous le répétons. Pour être libre, il faut avoir à choisir entre deux tendances, ou attractions perçues : il faut donc éprouver deux modifications au moins. Mais on ne peut se prononcer entre deux tendances sans les comparer, et, par conséquent, sans les avoir présentes simultanément ; il est dès lors nécessaire qu'une image de chaque sensation, une idée de chaque modification, soit gravée dans la mémoire.

377. Ainsi, l'ensemble des circonstances exigées pour qu'une immatérialité soit capable d'action, est bien le même, jusqu'à présent, que celui qui est indispensable pour que cette immatérialité passe de l'éternité au temps, ou *commence à jouir de la perception* (342).

Mais cet ensemble ne suffit pas. Nous allons voir qu'il faut à une immatérialité, pour pouvoir agir, exactement les mêmes conditions que celles que nous avons déjà indiquées (347) comme nécessaires pour qu'elle *continue* à jouir de la perception de son existence.

378. En effet : du moment que pour pouvoir agir réellement, c'est-à-dire avec liberté, il faut savoir que l'on agit, ou avoir la conscience

de son existence, il est évident que les circonstances indispensables à l'existence de la liberté, chez un être immatériel, sont les mêmes que celles sans lesquelles ce même être immatériel ne pourrait pas se percevoir d'une manière continue.

Ainsi, pour qu'une immatérialité se trouve dans la possibilité d'agir, il faut la réunion des conditions suivantes :

1° Union de cette immatérialité avec une partie de matière jouissant d'une mémoire centralisée (332).

2° Cette union doit être soumise à un ensemble de modifications ;

3° Enfin cette immatérialité, unie à une partie de matière, doit se trouver en état de société prolongée avec un autre être immatériel, également uni à une partie de matière jouissant d'une mémoire centralisée.

379. Et comme penser, raisonner, parler, ne sont que des cas particuliers d'agir, ou des actions considérées sous un point de vue spécial, celui de la manifestation des impressions subies, le même ensemble de conditions est nécessaire à l'existence du verbe chez une immatérialité.

380. Insistons quelques moments sur cette nécessité de l'état de non-isolement comme condition indispensable à l'existence de la liberté.

Il n'y a, avons-nous fait déjà remarquer plusieurs fois (122), que la sensibilité qui puisse être immatérielle.

S'il y a des immatérialités, la sensibilité n'existe donc que chez les êtres formés par l'union d'une partie de matière à une immatérialité.

Dans cette hypothèse, et puisque tout acte libre exige un motif (352), une immatérialité n'émet de signes que pour manifester des modifications perçues.

Or, si elle n'est pas en rapport avec une autre immatérialité qui puisse comprendre ces signes et y répondre, elle n'aura aucun motif de traduire des modifications; elle n'aura donc pas de raison de créer de signes; elle n'en créera donc pas; elle ne pourra donc pas se rendre compte de son existence; elle n'existera donc pas dans le temps; elle ne jouira donc pas de la liberté.

381. Avant de continuer, résumons les deux paragraphes qui précèdent, dans leur rapport avec la sensibilité.

Chez tout être sensible, il se produit nécessairement, en certaines circonstances, le phénomène de la perception de soi.

Si la sensibilité est matérielle, le raisonnement, le verbe, l'action en un mot est mécanique, automatique. Si la sensibilité est immatérielle, le raisonnement est libre, le verbe conventionnel, et l'action proprement dite.

§ VIII. DE LA MANIFESTATION DE LA SENSIBILITÉ RÉELLE OU INCONTESTABLE.

382. Nous avons vu, dans le paragraphe VII, comment les êtres matériels et les immatérialités, s'il y en a, peuvent manifester leur existence.

Il nous reste à entrer dans quelques détails sur la manière dont la sensibilité réelle, — qu'elle soit matière ou immatérialité, — révèle sa présence chez un être.

Revenons à cet effet sur le moyen par lequel les êtres se mettent réciproquement en rapport : nous voulons parler du verbe. Analysons cette idée avec plus de détail que nous ne l'avons fait jusqu'ici.

383. Le verbe, avons-nous dit (309), est la manifestation de telle ou telle modification subie par l'être qui parle ; c'est la traduction de telle ou telle affection de la sensibilité.

Tout signe a donc pour valeur, au fond, la proposition : *Je me sens modifié*, ou : *Je me perçois*.

Par conséquent, il faut distinguer autant d'espèces de verbe que l'on peut faire d'hypothèses sur la nature de la sensibilité.

384. Nous aurons donc (182) :

1° Le verbe *apparent*, traduisant les modifications qui affectent une sensibilité apparente (295) ; et,

2° Le verbe *réel* ou *incontestable*, exprimant les modifications perçues par une sensibilité réelle ou incontestable (296).

Et nous n'oublierons pas que, dans ce dernier cas, le verbe est, soit *automatique*, soit *libre* ou *conventionnel* (355), suivant qu'il est la manifestation d'un être matériel ou immatériel, suivant que la sensibilité est matérielle ou immatérielle.

385. Il est évident que toutes les fois qu'il
existe communauté de signes ou de langage entre
un être quelconque et celui qui l'observe, il y a,
chez cet être, verbe incontestable. Il est évident
aussi que là où il y a verbe incontestable, là existe
également sensibilité incontestable.

Ainsi, quand nous interrogeons un être, et
qu'il répond : *Je suis sensible, je souffre* ou *je
jouis,* nous trouvons en nous la certitude que cet
être souffre ou jouit en réalité, que sa sensibilité,
base de souffrance et de jouissance, —qu'elle soit
matérielle ou immatérielle, — existe en réalité.

386. Mais ici deux questions s'élèvent :

1° L'être qui n'a pas le verbe réel, ou qui du
moins n'a pas un verbe commun avec nous ; l'être
qui ne nous dit pas : *Je souffre* ou *je jouis,* est-il
sensible en réalité ? Ou bien n'a-t-il qu'une sensibilité apparente ?

2° L'être qui dit : *Je souffre* ou *je jouis,* possède
la sensibilité réelle ou incontestable ; c'est certain (385). Mais la proposition inverse est-elle
vraie ? C'est-à-dire, l'être qui est réellement sensible, doit-il nécessairement répondre : *Je suis
sensible,* en employant un langage compris par
celui qui l'interroge ? Ou, pour poser le problème
dans toute sa généralité, un être réellement sensible doit-il nécessairement, en certaines circonstances, inventer le verbe, créer des signes,
persister en un mot dans la conscience de son
existence ?

4

Car, il faut bien le remarquer : nous avons montré (347) que la persistance de l'existence dans le temps ne pouvait avoir lieu sans telles conditions données ; mais nous n'avons pas prouvé que ces conditions avaient pour conséquence nécessaire la persistance de l'existence dans le temps.

387. Il est clair que, si la seconde des questions posées plus haut est résolue affirmativement, nous aurons un moyen infaillible de savoir si tel être possède, oui ou non, la sensibilité. Il suffira, en effet, de nous mettre en rapport avec les êtres que nous voulons examiner : alors, s'ils ne nous affirment pas leur sensibilité, c'est évidemment qu'ils n'en jouissent pas.

Par ces motifs, nous aborderons d'abord le second problème.

388. Comme nous le savons déjà (346, 371, 378), pour qu'une sensibilité réelle ou incontestable puisse se percevoir, et se manifester, il lui faut la réunion de plusieurs circonstances que nous allons rappeler.

1° Un organisme ayant un centre nerveux ou une mémoire centralisée ;

2° Un état de société prolongé avec un autre être également, susceptible de se percevoir, et par conséquent d'entrer en communication intellectuelle avec elle.

389. Pour ne pas avancer trop vite, recherchons préalablement ce qui doit arriver lorsqu'une sensibilité réelle, unie à un organisme à mémoire centralisée, se trouve en rapport avec

un être ne présentant qu'une sensibilité apparente.

Que va-t-il nécessairement se passer?

Nous avons vu précédemment qu'un être quelconque étant modifié, il présente, à celui qui l'observe, un mouvement traduisant cette modification.

Dès lors, si l'être modifié est *sensible*, et si, par la répétition de sa modification, il a passé de l'éternité au temps, le mouvement auquel il donnera naissance traduira une sensibilité modifiée successivement, par conséquent une modification *perçue*, c'est-à-dire qu'il exprimera la pensée : *Je me sens exister*. Et cette pensée et son expression naîtront simultanément.

390. Si maintenant les modifications qui ont fait passer l'être sensible à l'existence dans le temps, viennent à cesser, il retombera dans l'éternité, et perdra la perception de son existence : parce que la succession des modifications s'effacera de sa mémoire.

391. Revenons maintenant au cas où deux sensibilités réelles se trouvent en contact nécessaire.

Quelques explications préalables sur les expressions *société prolongée, contact nécessaire,* les rendront plus claires.

Comment peut-il y avoir société nécessaire entre deux êtres? Il suffit pour cela que, par leur organisation, ils soient attirés l'un par l'autre, et forcés d'exister en contact pendant plus ou moins de temps.

Cette condition s'observe d'abord chez toutes les espèces où les sexes sont séparés; ensuite, chez toutes celles où les enfants ne peuvent, au début, se suffire à eux-mêmes. Dans le premier cas, il y a société prolongée entre les individus de sexe différent; dans le second, contact nécessaire entre les parents ou au moins la mère, et les enfants.

Ces deux circonstances se rencontrent chez les espèces supérieures de la série animale.

392. Supposons donc deux êtres constitués chacun par l'union d'une sensibilité réelle à un organisme jouissant de la mémoire, et mis en présence par une attraction réciproque.

L'attraction dont nous parlons sera nécessairement suivie du rapprochement et du contact prolongé des deux êtres. Cette vie commune aura pour conséquence nécessaire des modifications mutuelles et successives, puisque nous supposons un état de société nécessaire. L'empreinte de ces modifications se placera nécessairement dans la mémoire centralisée, sous forme de modifications permanentes. Les deux êtres passeront ainsi de l'éternité au temps et auront simultanément la perception de leur existence. Et le signe quelconque, mouvement, geste, cri, etc., qui sera produit nécessairement par chacun, et qui traduira la modification perçue, exprimera donc la pensée : *Je me sens exister.*

393. Jusqu'à ce moment, il en est absolument de même que dans le cas où un être sensible en réalité se trouve en état de société nécessaire

avec un être ne possédant qu'une sensibilité apparente. Mais les choses vont changer.

La première pensée de chacune des sensibilités est la même, d'abord. Ensuite, le signe traducteur de cette pensée commune sera le même, chez les deux êtres que nous étudions, parce que leur organisation est la même. Il en résulte que la signification donnée par l'un d'eux au signe sera comprise par l'autre, et réciproquement.

394. Ainsi, dès ce moment, l'existence commune dans le temps, la connaissance commune, l'intelligence commune commencent à exister ; et le verbe, qui ne vient que de naître, va se développer.

395. Pourquoi, en effet, le verbe ne se développe-t il point chez une sensibilité réelle, quand elle ne se trouve point en rapport avec une autre?

Parce que la cause qui la modifie, n'étant pas sensible, de plus ne possédant pas la même organisation, par conséquent les mêmes attractions, et ne donnant pas naissance aux mêmes mouvements organiques, ne peut l'aider à développer le premier signe, puisqu'elle est incapable d'entrer en communication intellectuelle avec elle, de répondre quand elle est interrogée.

396. Au contraire, dans le cas de deux sensibilités en contact, les attractions et répulsions sont les mêmes, les besoins, qui ne sont que des attractions perçues, sont les mêmes, et les mouvements sont les mêmes, puisque les organismes sont les mêmes. Aussi, quand une sensibilité ex-

prime, par un signe, qu'elle perçoit son existence. l'autre répond par le même signe, traduisant la même pensée. Il y a donc communication intellectuelle entre ces deux êtres.

Dès ce moment, le développement du verbe ou de l'intelligence ne dépend plus, pour se faire, que de l'excitation des besoins, excitation qui ne peut manquer d'avoir lieu, puisque désormais les attractions sont perçues. Et ce développement intellectuel est facile, toutes les idées, sans exception, se réduisant à celles de l'être et de ses modifications, étant, par conséquent, contenues dans la pensée primitive : *Je me perçois.*

397. Remarquons ici qu'il y a un rapport réciproque de cause à effet entre les besoins et les développements de l'intelligence.

Si, en effet, un être qui se perçoit éprouve des besoins qu'il cherche à satisfaire, ces besoins ont pour résultat le développement de son intelligence ; d'un autre côté, ce développement est suivi de nouveaux besoins à satisfaire : car tout être sensible cherche, avant tout, à devenir aussi heureux que possible (352). De sorte que besoins et intelligence progressent simultanément.

Ainsi, par exemple, du moment que des êtres qui se perçoivent se trouvent en communication intellectuelle, ils inventent le commerce, l'industrie, la culture du sol, etc., et, dans un autre ordre d'idées, l'anthropomorphisme, l'aliénation du sol, la presse, etc., chaque fois que le besoin de telle ou telle invention devient absolument nécessaire à l'existence soit individuelle, soit sociale.

398. En résumé, du moment que deux êtres formés chacun par l'union d'une sensibilité réelle, — qu'elle soit matière ou immatérialité, — à un organisme ayant une mémoire centralisée, se trouvent en contact nécessaire et prolongé, ils donnent naissance au verbe et le développent en rapport avec les circonstances.

399. Tirons quelques conséquences de cette proposition que nous venons d'établir.

Puisque deux sensibilités, unies chacune à une mémoire centralisée, et se trouvant en état de société nécessaire, donnent naissance au verbe et le développent, quoiqu'aucune d'elles ne le possédât primitivement, à plus forte raison un langage commun se produit-il quand il y a en présence deux sensibilités dont une seule est déjà capable d'exprimer ses modifications.

C'est ce qui arrive, par exemple, quand les enfants apprennent à parler, ou bien lorsqu'on développe l'intelligence des sourds-muets. Il ne faut guère longtemps pour qu'une communication intellectuelle ou qu'un verbe commun s'établisse.

400. A plus forte raison encore, deux sensibilités qui existent déjà dans le temps, qui se perçoivent déjà, mais qui ont chacune un verbe spécial, donneront-elles naissance à un langage commun, pour peu qu'elles se trouvent en contact.

C'est ce que l'on voit quand deux hommes, quoique parlant un langage différent, ont besoin l'un de l'autre : ils ne tardent pas à donner naissance à une manière commune d'exprimer les idées.

Aussi, dans l'hypothèse qu'il existât dans la lune des êtres sensibles, dont l'intelligence fût développée, et que nous parvinssions ainsi qu'eux à construire des instruments d'une puissance suffisante pour pouvoir observer réciproquement nos mouvements, il serait non-seulement possible, mais même très concevable, que nous arriverions en peu de temps à créer un langage commun, propre à transmettre les idées d'un globe à l'autre.

401. Enfin, un troisième cas reste à examiner : celui où un être sensible, ayant existé à une époque reculée, et ayant possédé un langage à lui propre, aurait laissé des signes représentatifs d'idées, des inscriptions, par exemple. Une sensibilité existant actuellement, et s'exprimant dans un langage différent de celui de l'inscription, pourrait-elle parvenir à en saisir le sens, à se la rendre intelligible? Peut-être ; mais il n'y a aucune certitude à cet égard ; il est impossible de démontrer qu'il en devrait être ainsi.

Pourquoi cela?

Parce que le verbe ne doit se développer, nécessairement, par suite du contact entre deux sensibilités, que lorsqu'il y a possibilité de mouvements des deux parts, ou possibilité que l'une réponde quand l'autre interroge. Or, il faut pour cela que les deux sensibilités soient contemporaines, et c'est ce qui n'a pas lieu dans l'hypothèse que nous examinons.

402. Quoi qu'il en soit, du moment que l'homme,

qui, lui, possède la sensibilité réelle, se met en rapport avec une autre sensibilité réelle existant, soit dans l'éternité, soit dans le temps, un langage commun doit se développer nécessairement, rendant possible l'échange des idées, et l'affirmation, par cette seconde sensibilité, qu'elle se perçoit, qu'elle souffre ou qu'elle jouit.

403. Nous pouvons maintenant répondre aux deux questions que nous avons soulevées plus haut (386).

1° L'être qui est incapable de développer un verbe commun entre lui et celui qui l'interroge, ne possède la sensibilité qu'en apparence ;

2° L'être qui est réellement sensible doit nécessairement répondre : *Je me sens exister*, à celui qui l'examine; et cela en se servant d'un langage commun aux deux interlocuteurs.

404. Enfin, pour en revenir à l'énoncé du présent paragraphe, le mode de manifestation de la sensibilité réelle ou incontestable consiste dans la production d'un langage commun à elle et à celui qui l'observe, au moyen duquel elle communique intellectuellement avec lui.

§ IX. DES CONDITIONS EXIGÉES POUR QUE LA SENSIBILITÉ SOIT APPARENTE, MATÉRIELLE, OU IMMATÉRIELLE.

405. Tout être qui possède la sensibilité réelle, incontestable, se perçoit, existe dans le temps, dès qu'il subit des modifications successives. Il se sent une personne (242).

L'essence de la personnalité est la sensibilité.

406. L'homme ignorant personnalise, c'est-à-dire attribue la sensibilité réelle à tout ce qui est en mouvement, à tout ce qui paraît se mouvoir volontairement. Il personnalise en conséquence sa femme, ses enfants, puis les animaux, les plantes, etc. Enfin, comme le mouvement existe partout, il lui semble que la sensibilité existe partout, et il personnalise tout.

407. Le mouvement, c'est la matière. Personnaliser tout ce qui se meut, c'est donc personnaliser la matière, c'est rendre la sensibilité matérielle.

408. Évidemment, il n'est pas absurde de dire, avant tout raisonnement ultérieur, que tous les êtres, sans exception, jouissent de la sensibilité réelle. Mais il n'est pas absurde non plus de soutenir que tels êtres sont sensibles réellement, tandis que tous les autres n'offrent que les apparences de la sensibilité.

Présentons quelques observations sur ces deux possibilités.

409. Si la sensibilité, ou la susceptibilité de jouir et de souffrir, qui se rencontre, *en apparence* au moins, chez le singe comme chez l'homme, chez l'éponge comme chez le singe, sauf le degré, y existe en réalité;

Comme les distinctions entre les règnes animal, végétal et minéral ne sont qu'arbitraires, et établies seulement pour en faciliter l'étude (77 à 83);

Comme les organisations spontanées sont démontrées par l'état igné primitif du globe, et par le développement graduel des êtres à sa surface, en allant des plus simples aux plus complexes;

Il est clair que la sensibilité sera purement un produit de la croûte du globe, un résultat d'organisation, un épanouissement de la vie, une propriété de la matière enfin.

410. Ainsi :

Si la sensibilité existe *réellement* chez tous les êtres, c'est qu'elle est une propriété de la matière, un résultat de la constitution ou de l'organisation de ces êtres, c'est qu'elle est matérielle enfin.

Et réciproquement :

Si la sensibilité est matérielle, tous les êtres sont sensibles, plus ou moins, relativement au degré de complexité de leur organisation.

411. Mais si l'on observe la sensibilité *réelle* chez quelques phénomènes seulement , c'est qu'elle n'est pas une propriété de la matière, un résultat de l'organisation; c'est enfin qu'elle est immatérielle.

Et réciproquement :

Si la sensibilité est immatérielle, elle ne peut pas exister chez tous les êtres (366).

412. En résumé :

La sensibilité n'est pas *apparente* partout, dans l'univers entier, puisque l'homme est sensible en réalité.

Si la sensibilité *réelle* existe partout, elle est matérielle.

Si la sensibilité *réelle* n'existe que chez certains êtres, elle est immatérielle.

Alors, chez les autres êtres, la sensibilité n'est qu'*apparente*.

§ X. Démonstration que la sensibilité est immatérielle.

413. Nous pouvons passer, maintenant que nos prémisses sont parfaitement établies, à la démonstration que la sensibilité est immatérielle.

Cette preuve consiste, d'après ce qui vient d'être dit, à faire voir que la sensibilité réelle ne se rencontre pas chez tous les phénomènes.

414. Or, qu'arrive-t-il nécessairement quand deux sensibilités réelles, unies chacune à un organisme à mémoire centralisée, se trouvent en état de société nécessaire et prolongée ?

Il y a, d'abord, perception de l'existence par chacune des sensibilités ; puis, création d'un langage commun au moyen duquel elles expriment qu'elles se perçoivent; enfin, développement simultané des intelligences et des besoins, comme on l'observe chez l'espèce animale supérieure, chez l'homme.

415. Ainsi, toutes les fois qu'il n'y a pas développement du verbe, de l'intelligence et des besoins, cela ne peut évidemment provenir que d'une chose: l'absence d'une ou plusieurs des circonstances nécessaires à ce développement.

416. Mais ces circonstances, qui existent toutes chez l'homme, se rencontrent-elles dans le reste de la série? Examinons cette question chez les animaux supérieurs, ceux d'entre tous les êtres

qui se rapprochent le plus de l'homme par leur organisation.

On y trouve :

1° Un organisme capable de mouvements multipliés, et jouissant d'une mémoire centralisée à l'aide d'un cerveau : le tout comme chez l'homme, et quelquefois plus parfait que chez lui ;

2° Un état de société nécessaire, une vie commune prolongée, comme conséquence de la séparation des espèces en deux sexes différents, et du fait que les petits ont besoin du secours des parents, ou au moins de la mère, dans la première partie de leur existence : toujours comme chez l'homme.

417. Si donc les animaux ne créent pas le verbe, c'est que la troisième circonstance nécessaire à ce développement leur manque : c'est qu'ils ne sont sensibles qu'en apparence.

418. D'autre part, nous savons que si l'homme, chez lequel la sensibilité est réelle, se trouve en présence d'un autre être à sensibilité réelle, un ensemble de signes communs permettant l'échange des idées ne tarde pas à s'établir (400, 401).

Si donc il est impossible à l'homme d'entrer en communication intellectuelle avec les animaux au moyen d'un langage commun, cela provient uniquement de ce que la condition indispensable au développement de ce verbe commun leur manque : c'est qu'ils ne sont sensibles qu'en apparence.

419. Or, l'homme n'a jamais pu instituer un ensemble de signes communs entre lui et quelque

animal que ce soit. On n'a jamais observé non plus que chez les animaux il y eût développement graduel des besoins, et, sous cette excitation, recherche des moyens de les satisfaire.

420. Il résulte de là :

Que la sensibilité est réelle seulement chez l'homme ; que chez les animaux elle est purement illusoire ;

Que la sensibilité réelle n'est donc pas universellement répandue ;

Qu'elle ne dérive donc pas des développements de l'organisation, qu'elle n'est pas un résultat de la vie, une propriété de la matière (411) ;

Et enfin que la sensibilité réelle est une immatérialité.

421. Maintenant que nous savons que la sensibilité est immatérielle, revenons pour un instant à la question du développement du verbe.

Lorsque deux sensibilités réelles, unies à des organismes à mémoire centralisée, sont en contact nécessaire et prolongé, elles passent, comme nous le savons, de l'éternité au temps, elles développent un langage commun, elles raisonnent.

De quelle espèce de langage et de raisonnement s'agit-il ici ?

Évidemment du langage conventionnel et du raisonnement libre ; puisque les immatérialités ne peuvent agir que librement.

Mais il y a plusieurs remarques à faire à ce propos.

422. Avant que le passage à l'existence dans le temps soit effectué, les idées se font nécessairement, et se placent nécessairement dans la mémoire, et les signes traducteurs de ces idées sont faits nécessairement; puisque l'immatérialité n'est pas encore capable d'agir.

423. A l'instant du passage de l'éternité au temps, au moment où la sensibilité se perçoit pour la première fois, l'idée correspondante à la modification subie se fait encore nécessairement, son placement dans la mémoire est encore nécessaire, la première pensée est produite nécessairement, et le signe ou mouvement qui l'exprime est automatique, dépendant exclusivement de l'organisme; puisqu'il n'y a encore que l'organisme qui agit.

424. Ce n'est qu'après cet instant, lorsque la sensibilité existe déjà dans le temps, qu'elle devient capable d'agir; et comme, en sa qualité d'immatérialité, elle agit toujours librement, elle devient alors volonté réelle (355).

Alors, les idées ne sont plus produites nécessairement, organiquement, c'est la sensibilité qui les fait; leur placement dans la mémoire sous un signe n'a plus lieu nécessairement, c'est la sensibilité qui les y dépose volontairement; le rappel des idées ne se fait plus automatiquement, c'est la sensibilité qui, en général, les rappelle volontairement; les pensées, le raisonnement, ne sont plus mécaniques, dépendant de l'organisme, mais bien libres; et les signes qui expriment les idées sont de véritables signes conventionnels.

§ XI. Réflexions sur le présent travail, et résumé.

425. Nous ne pouvons mieux terminer notre travail qu'en examinant la marche que nous avons suivie, pour faire voir l'enchaînement des propositions. Nous en résumerons ainsi l'ensemble, de manière que le lecteur puisse le saisir d'un seul coup d'œil.

426. De quoi s'est-il agi ? De démontrer que la sensibilité est immatérielle. Or, pour arriver à cela, il n'y a qu'un moyen : faire voir que les idées de sensibilité et de matière ne sont pas réductibles à une seule et même valeur.

427. Plaçons ici deux remarques essentielles.

Avant de posséder cette démonstration, nous ne pouvons connaître, évidemment, que la matière. C'est donc exclusivement par l'étude de la matière ou des phénomènes qu'il faut débuter.

428. Mais comme, s'il n'y avait que matière, notre raisonnement n'aurait, en sa qualité de fonctionnement organique, aucune valeur logique, il faut présupposer, au moins d'une manière tacite, que nous sommes capables de raisonner réellement, ou que nous sommes libres.

429. Ceci fait, il faut développer successivement les deux idées de sensibilité et de matière, tout en ayant soin que, dans ces diverses transformations, l'expression seule change, la valeur fondamentale de chaque idée restant toujours identique à elle-même.

On parvient ainsi à constater :

Que *divisibilité* et *matière* ne sont qu'une seule et même idée sous deux expressions différentes (283) ;

Que *sensibilité universellement répandue* et *sensibilité divisible* ne sont encore qu'une seule et même idée, exprimée différemment (366) ;

Et, par voie de conséquence :

Que *sensibilité universellement répandue* et *matière* ne constituent au fond qu'une seule et même idée (410).

On arrive également à constater :

Que *sensibilité non universellement répandue* et *sensibilité divisible* sont des expressions différentes, couvrant des idées bien distinctes;

Et par conséquent :

Que *sensibilité existant exclusivement chez quelques phénomènes* et *immatérialité*, sont des expressions différentes, traduisant une seule et même idée (411).

430. Ainsi, les propositions : *Tous les phénomènes ne sont pas sensibles*, et : *La sensibilité est immatérielle*, quoique différant sous le rapport de l'expression, ont exactement la même signification.

431. Il reste donc à prouver que la sensibilité ne se rencontre pas partout, ce qui ne peut se faire à moins de savoir à quels indices on reconnaît l'existence de la sensibilité réelle chez un être.

432. Or, nous avons fait voir que ces indices se résument en un verbe commun, se développant nécessairement dès que deux sensibilités se trouvent en rapport prolongé, dans telles et telles cir-

constances. Donc, partout où ces circonstances existant, un verbe commun ne se développe pas, cela prouve qu'il n'y a pas là sensibilité réelle.

433. Mais l'ensemble des conditions dont nous parlons se rencontre chez les animaux supérieurs, et cependant le verbe n'y existe pas; il est impossible à l'homme d'établir des rapports intellectuels avec eux, de communiquer avec eux au moyen d'un langage commun.

La condition essentielle au développement du langage leur manque donc. Ils ne possèdent la sensibilité qu'en apparence.

434. Ainsi, l'ensemble des êtres se divise en deux parties absolument distinctes : l'une renfermant tous ceux qui sont sensibles en apparence; l'autre, tous ceux avec lesquels il nous est possible de créer des rapports intellectuels, d'échanger des idées, qui sont par conséquent sensibles en réalité.

435. Donc la sensibilité n'est pas universellement répandue; donc il y a identité entre les valeurs des expressions *sensibilité* et *immatérialité*; donc, enfin, la sensibilité est immatérielle.

436. Notre hypothèse primitive de la réalité du raisonnement (428) se trouve ainsi vérifiée, et doit être remplacée par la certitude que notre raisonnement est réel.

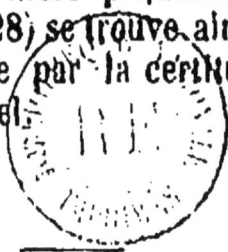

DU MÊME AUTEUR :

Qu'est-ce que la guerre et la paix, examen de l'ouvrage de P. J. Proudhon sur *la Guerre et la Paix*.

De la propriété intellectuelle, et de la distinction entre les choses vénales et non vénales, examen des majorats littéraires de P. J. Proudhon.

La Logique.

De l'instruction obligatoire, comme remède aux maux sociaux, mémoire soumis à l'examen de l'Académie royale de Belgique ; avec les rapports de MM. Édouard Ducpétiaux et Paul Devaux, et leur réfutation.

www.ingramcontent.com/pod-product-compliance
Lightning Source LLC
LaVergne TN
LVHW022020080426
835513LV00009B/804